ÉTUDE

SUR L'ACTION PHYSIOLOGIQUE ET L'EMPLOI THÉRAPEUTIQUE

DE

L'ALCOOL

PAR

L. TRÉPANT

Docteur en médecine de la faculté de Paris, ancien Interne-Chef de Clinique aux Hôpitaux d'Amiens. — 1867 à 1871.

> In médicinâ multa scire,
> Sed pauca agere oportet.
> (BAGLIVI.)

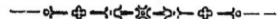

SAINT-QUENTIN

IMPRIMERIE CH. POETTE

19, rue Croix-Belle-Porte, 19.

—

1872

A LA MÉMOIRE

DE MON ILLUSTRE ET BON MAITRE

M. le Docteur DENONVILLIERS

Professeur de médecine opératoire à la Faculté de Paris,
Inspecteur général de l'enseignement supérieur
Commandeur de la Légion d'honneur, etc.

A MON MAITRE ET AMI

M. le Docteur HERBET

Professeur de pathologie chirurgicale, à l'École d'Amiens.

INTRODUCTION

Parmi les questions qui occupent le monde médical depuis plusieurs années déjà, celle de l'alcool et de son action sur l'homme sain ou malade est une des plus importantes. La science et l'art y sont également intéressés, et nous osons dire que la société et les législateurs ont aussi de graves raisons pour ne pas négliger cette importante question, encore à l'étude aujourd'hui.

Lorsque l'on considère, d'ailleurs, notre zone du Nord et plusieurs de nos provinces actuellement décimées par le fléau alcoolique ;

Lorsqu'on se rappelle le rôle des spiritueux dans certaines révolutions sociales ; et tout récemment encore, dans nos derniers événements politiques, si l'on veut bien ne pas oublier que sur 100 individus — hommes et femmes — 90 environ étaient adonnés à l'alcool et déjà atteints par ses ravages ;

On comprend les sérieuses raisons qui ont aussi déterminé les hygiénistes et surtout les médecins à entreprendre sur ce sujet les travaux remarquables que possède aujourd'hui la science.

Cependant quelque vaste que soit encore le

champ ouvert à l'étude de l'alcool au point de vue pathologique, nous n'avons pas cru devoir y entrer: Une plume plus autorisée que la nôtre a déjà traité ces questions, et les services rendus par ce grand maître sont de ceux dont le souvenir doit se conserver.

Nous avons donc limité notre sujet à l'étude de l'alcool dans les mains du médecin, c'est-à-dire à son action physiologique et à son emploi thérapeutique. A ce double point de vue, l'alcool était mal connu des anciens, et l'on doit admettre que, dans ces derniers temps seulement, son étude physiologique a reçu une impulsion féconde.

Le mouvement est parti d'Angleterre, et il était pour ainsi dire naturel qu'il en fût ainsi : les spiritueux tiennent une trop large place dans le régime de nos voisins pour que l'usage de l'alcool n'ait pas été, plus qu'ailleurs, l'objet d'observations spéciales. D'autre part, on comprend que le pays qui a vu fleurir Brown ait eu, de prime-abord, moins de préjugés qu'un autre à l'endroit de cette médication.

La méthode rigoureuse est due à Todd; toutefois il ne fallut rien moins que les courageux essais et les remarquables travaux de ce grand médecin, pour rappeler les praticiens à l'usage de l'alcool. Puis la question de physiologie a été surtout reprise, en France, par MM. Ludger, Lallemand, Perrin et Duroy, et la question de pathologie par M. Béhier, cité plus haut. Tout ce qui concerne cet important agent thérapeutique a donc été l'objet de recherches nombreuses et de travaux sérieux de la part d'hommes considérables. Aussi n'avons-nous jamais pensé, pour ce modeste opuscule, à une place, si petite qu'elle puisse être, auprès de ces savants maîtres. Nous espérons seulement qu'eu égard aux faits d'observations expérimentales, sur lesquels nous appuyons nos conclusions, on voudra bien nous tenir compte de nos efforts.

Notre but est d'essayer de préciser davantage l'action physiologique de l'alcool, car il nous paraît nécessaire, en thérapeutique, de restreindre, de plus en plus, la méthode empirique, sous laquelle le charlatanisme et l'ignorance se glissent trop souvent. Du reste, le temps nous semble passé où, avec Molière, on pouvait dire : « Nous donnons l'opium parce qu'il a un effet dormitif. » Ce grand maître serait peut-être bien étonné si on lui prouvait aujourd'hui pourquoi l'opium fait dormir ? !.

HISTORIQUE.

M. Littré pense que l'alcool vient d'un mot arabe formé de al (le) et cohol, qui signifie ce qui est très subtil, très fluide. Mais d'après Höfer — (Histoire de la Chimie) ce mot viendrait de plus loin, car son origine semble remonter jusqu'à la langue Chaldéenne, dans laquelle il signifie «quelque chose qui brûle.» Nous nous rangeons à ce dernier avis par la seule raison qu'il nous paraît démontré que l'alcool était connu bien avant les Arabes.

Néanmoins, la découverte de ce produit est encore attribuée, par quelques-uns, à Arnauld de Villeneuve qui vivait à Montpellier vers 1,300; cependant rien n'est moins démontré que cette assertion.

Ainsi Morewod prétend que les Chinois ont préparé l'alcool bien avant que cette substance fût connue du reste de l'Asie et de l'Afrique. Et dans les travaux remarquables de MM. Maury, Huc et Morchead, nous y voyons que les Indiens et les Chinois connaissaient les spiritueux depuis les temps les plus reculés et pratiquaient l'art de la distillation longtemps avant les autres peuples. Il y a plus, il ne semble pas que la découverte de cet agent, ou même l'idée première de son emploi thérapeutique puissent être attribués à Arnauld de Villeneuve, quand on se rapporte aux œuvres mêmes de ce médecin.

En effet, dans son traité « *De conservanda juventute et retardanda senectute,* il vante bien l'utilité de l'eau-de-vin, que quelques-uns, dit-il, appellent eau-de-vie ; mais dans ce qu'il en dit, il est loin d'en parler comme d'une découverte personnelle. Il indique l'eau-de-vie comme un moyen thérapeutique déjà connu et possédant certaines propriétés qu'il s'applique à énumérer.

De ce qui précède, et des recherches qui ont été faites, il ressort pour nous :

1° Que la connaissance et l'usage de l'alcool— plus ou moins pur — remontent aux premiers temps de l'histoire des peuples, des Indiens et des Chinois principalement ;

2° Que ce produit, connu des peuplades asiatiques, se retrouve en Afrique, et surtout chez les Arabes, qui l'obtiennent par la distillation du vin ;

3° Que c'est vers 1285 que l'alcool fut introduit en France, par Arnauld de Villeneuve.

Celui-ci, étant en Espagne où florissait la médecine arabe, et où il fut médecin de Pierre III d'Aragon, rapporta de ce pays la connaissance et les usages de l'alcool.

Quoi qu'il en soit, cette liqueur fut longtemps considérée en France comme un poison ; et plus tard, sous le nom d'eau-de-vie, comme une panacée universelle.

Néanmoins la vente en était réservée aux apothicaires et ce n'est qu'en 1678 qu'elle put se faire publiquement dans la rue. Depuis lors, l'alcool est resté dans le domaine public; connu du vulgaire sous le nom d'esprit de vin, alcool éthylique $C^4H^6O^2$ ou mieux C^2H^5OH d'après la théorie atomique bien étudiée par M. Wurtz. Liquide fluide renfermant plusieurs éthers et une huile volatile suivant la substance qui l'a fourni, l'alcool est le principal agent des liqueurs fermentées. Plus ou moins étendu d'eau pour laquelle il a une extrême affinité, plus ou moins coloré et aromatisé, il forme le principe actif de l'eau-de-vie, dont notre société fait un si grand usage.

ACTION TOPIQUE

Appliqué sur la peau restée intacte, l'alcool fait contracter les vaisseaux et produit une certaine sensation de froid par son évaporation : sensation d'autant plus appréciable que l'air est plus chaud et plus agité, s'accompagnant de la pâleur des téguments.

Appliqué sur la peau dépouillée de son épiderme, sur une plaie, les effets varient suivant les degrés de concentration du liquide.

1° Le premier phénomène que l'on observe c'est la contraction des capillaires.

2º Une sensation de froid résultant de l'évaporation de l'alcool.

3º Coagulation des éléments muqueux et albuminoïdes.

4º Dilatation des vaisseaux consécutive à leur contraction ; d'où excitation circulatoire avec sensation de chaleur constante et douloureuse; enfin, injection, rougeur des tissus.

On a cité quelques exemples d'ivresse à la suite d'application sur la peau de compresses imbibées d'eau-de-vie; mais cela ne nous paraît vrai qu'autant qu'on tient compte de l'inhalation des vapeurs alcooliques et de leur absorption par les voies respiratoires; phénomène fréquent dans les maisons où on transvase le vin et où l'on travaille l'alcool.

ACTION SUR LE TUBE DIGESTIF.

Les organes digestifs appelés à recevoir et à absorber les boissons alcooliques sont, par ce fait même, plus que les autres viscères, exposés à l'action de l'alcool. Si on ingère une certaine dose d'alcool potable (eau-de-vie) on ressent d'abord une sorte de chaleur locale au niveau des muqueuses touchées. La sensation varie suivant les individus et s'émousse à la longue chez les buveurs de profession. Par son contact avec ces muqueuses buccales et œsophagiennes l'acool excite les secrétions salivaire et muqueuse. Nul doute que l'alcool arrivé dans l'estomac n'agisse en nature, et les plus fervents adeptes de la combustion de ce produit dans l'économie ne peuvent prétendre qu'elle ait lieu immédiatement dans l'estomac; du reste, on retrouve l'alcool en nature dans la veine porte. Ajoutons qu'une faible proportion du liquide — sous l'action du suc et du mucus gastrique qui jouent le rôle de ferment — subit la transformation acétique. Nous avons été très surpris de trouver une affirmation contraire dans le remarquable travail de M. Gingeot. Car, outre les expériences affirmatives faites sur les animaux, l'odeur si pénétrante, l'ascescence si désagréable qui caractérisent les éructations et les produits des vomissements de l'indigestion alcoolique, sont pour nous une preuve irréfutable de cette transformation. Si l'alcool est mélangé de sucre, ou s'il est pris en quantité considérable, une partie franchit le pylore et n'est absorbée que dans l'intestin grêle, d'où l'inconvénient de correctifs sucrés lorsqu'on veut obtenir des effets rapides. Pris en petites quantités, l'alcool, outre l'augmentation de salive, active aussi la sécrétion du suc gastrique, pancréatique et biliaire; de là son efficacité à favoriser la digestion. Trop forte, la dose d'eau-de-vie entrave la sécrétion de ces liquides, coagule la pepsine et le mucus stomacal. Ces effets sont plus marqués, si l'alcool est concentré et l'on peut constater alors une forte injection de la muqueuse.

Les buveurs digèrent généralement mal ; chez beaucoup d'entre eux, un certain nombre de glandes à pepsine ont disparu ; ils ont des pituites matinales, dues probablement au pigmenté et aux plaques rouges de la muqueuse qui sont le résultat de l'action continue de l'alcool sur l'organe.

Mais à part ces *cas d'alcoolisme chronique*, rien ne nous paraît plus rare à constater que l'inflammation de la muqueuse gastrique après un excès d'eau-de-vie. A l'autopsie des individus qui ont succombé aux progrès de l'ivresse, on a souvent noté, il est vrai, une coloration rouge de la muqueuse gastrique et de l'intestin grêle. Mais il semble que l'on ne doit pas considérer comme pathologique cette turgescence des vaisseaux qui, la plupart du temps, est la conséquence du travail digestif.

M. Tardieu ne cite aucun cas de gastrite alcoolique aiguë observée dans les nombreuses autopsies qu'il a faites comme médecin légiste.

Les quelques cas analogues qu'il nous a été donné d'observer avec notre excellent maître et ami M. le Dr Herbet (d'Amiens), nous autorise à conserver cette opinion : on comprend du reste qu'il en soit ainsi, vu la rapidité d'absorption du liquide.

ABSORPTION ET ÉLIMINATION

De toutes les voies offertes à l'alcool (Tissu cellulaire, cavités séreuses, poumons) le tube digestif est sans contredit la plus ordinaire et la plus énergique. Injecté dans l'estomac et dans le rectum, l'alcool est absorbé en nature en peu de temps par les veines du tube digestif, traverse la veine porte et le foie et passe dans le torrent circulatoire. Il faut tenir compte cependant de son degré de concentration et de l'état des muqueuses par lesquelles il est absorbé. Trop concentré, en effet, il peut enlever l'épithélium, mais encore quelquefois la muqueuse elle-même. Or, les épithéliums jouent un grand rôle, ainsi qu'on le sait, dans les actions d'absorption, d'endosmose et d'osmose. A part ce cas particulier, l'alcool potable arrivé dans le sang se répand avec lui dans tous les tissus, imprègne les organes et les parenchymes, et l'analyse chimique l'y découvre facilement. L'alcool séjourne dans l'organisme durant un temps variable pour les différents appareils, puis s'échappe en nature par diverses voies d'élimination. Cette élimination commence peu d'instants après l'ingestion; elle est constante; se continue tant qu'il existe de l'alcool dans l'organisme. Après l'usage d'une quantité modérée d'eau-de-vie, 80 à 100 gr., les urines rendues quelques heures plus tard renferment assez d'alcool pour fournir à la distillation un produit capable de brûler. L'élimination de l'alcool par les reins, tout en diminuânt progressivement, se prolonge durant 12 à 15 heures; à ce moment, on peut constater sa présence dans l'urine au moyen de la liqueur d'épreuve souvent employée dans l'étude du produit qui nous occupe.

Cette liqueur est ainsi formulée :

    Bichromate de Potasse   1 gr.
    Acide sulfurique   —   30 gr.

Il est infiniment probable que ce passage prolongé de l'alcool à travers la substance rénale n'est pas sans influence sur la production des dégénérescences observées si souvent chez les alcooliques. L'alcool s'élimine aussi par les poumons, mais en moins grande quantité; la durée de l'élimination varie entre 6 et 8 heures. Il s'échappe encore par la peau; cette exhalation s'opère d'une manière insensible. Comme beaucoup d'autres agents thérapeutiques, l'alcool possède une affinité d'élection pour les centres nerveux; il s'y localise, s'y accumule de telle sorte que, pendant la période alcoolique, c'est le cerveau qui, à poids égal, en contient le plus de tous les organes de l'économie.

Le fait de la présence de l'alcool en nature dans la substance cérébrale s'est présenté souvent à l'esprit des observateurs. Dans bon nombre d'autopsies médico-légales pratiquées sur des sujets morts en état d'ivresse, on mentionne l'odeur alcoolique exhalée par le cerveau. M. le Dr Tardieu fut l'un des premiers à signaler ce fait. Mais la présence de ce liquide, son accumulation, son dosage n'ont été démontrés dans ces dernières années que par les travaux si remarquables de M. Perrin. L'alcool s'accumule aussi dans le foie qui, à poids égal, en contient moins que le cerveau, mais plus que le sang.

On sait à quelles redoutables affections l'alcool donne lieu dans bien des cas; ces altérations du foie sont surtout de deux sortes, suivant qu'elles intéressent la trame de substance conjonctive ou les cellules propres de l'organe. Dans le premier cas, c'est la cirrhose (hépatite diffuse interstitielle); dans le deuxième cas, c'est l'altération graisseuse ou stéatose; cette dégénérescence est aussi fréquente; après la tuberculisation, c'est dans l'alcoolisme qu'on trouve le plus grand nombre de foies gras.

ACTION DE L'ALCOOL SUR LE SANG ET LA CIRCULATION.

L'alcool, après avoir exercé son action sur l'estomac, est absorbé par les veines, ainsi que nous l'avons dit, et passe en nature dans la circulation générale. On peut facilement vérifier le fait en soumettant à une distillation un peu attentive dans l'appareil de Gay Lussac, une certaine quantité de sang emprunté à un animal qu'on a plongé dans l'ivresse.

Mais une fois parvenu dans le sang et en circulation avec lui, quelles modifications l'alcool apporte-t-il à l'état de ce dernier liquide ?... Ce sont là des questions que les auteurs ont jugées si différemment, qu'on a peine à dégager la vérité de tant d'assertions contradictoires. Toutefois l'expérience et l'observation permettent d'être plus précis aujourd'hui :

Fibrine. — Si, par expérience, dans le sang tiré d'une veine, on verse de l'alcool étendu, on observe la coagulation de la masse totale du sang avec une teinte noirâtre du caillot. De là, cette conclusion : Que l'alcool devait déterminer sur le sang des effets identiques; et on a dit: « l'alcool coagule la fibrine. » Fait qui n'a jamais été constaté à l'autopsie des sujets morts d'ivresse la plus complète. Mais il y a, il nous semble, une différence complète entre les actes qui s'accomplissent au sein de l'organisme vivant et les réactions qui se passent dans une cornue. Quelle analogie peut-il exister, en effet, entre l'action de l'alcool mis instantanément en présence du sang, hors des vaisseaux, ou même injecté directement dans les veines, et l'action de ce même alcool placé en présence du sang sous l'influence du merveilleux phénomène de l'absorption ?

L'alcool potable, porté dans le tube digestif, arrive peu à peu dans les radicules veineuses pour se mêler ensuite, à doses réfractées, au sang. Il se trouve ainsi assez dilué au fur et à mesure de son entrée dans le sang pour perdre toute propriété coagulante. Donc l'alcool ne coagule pas la fibrine du sang.

Mais on a aussi prétendu le contraire, c'est-à-dire que la fibrine devenait de plus en plus fluide par l'action de l'alcool. Or, il résulte d'expériences récentes que l'alcool n'exerce aucune modification appréciable sur la fibrine.

Globules. — Les globules rouges, on le sait, se composent de deux parties: Une matière fondamentale ou stroma; une matière colorante, l'hémoglobine, toutes deux albuminoïdes. Dans le stroma, on trouve: du protoplasma analogue à celui des globules blancs, la globuline, le protagone, matière grasse et phosphorée qui se trouve non-seulement dans la substance nerveuse et les globules rouges, mais encore dans le plasma du sang. Or, on admet que les globules de graisse constatés dans le sang des animaux alcoolisés se produisent par le dédoublement du protagone en acide obique, etc. Pour MM. Bouchardat, Sandras et Rabuteau, l'alcool à dose ordinaire agit sur les globules rouges, les rend noirs et empêche leur rôle de porteur d'oxygène. Enfin, M. Marvaud s'exprime ainsi : « Pour nous,
» nous croyons que l'alcool joue un certain rôle
» dans les échanges qui s'opèrent continuellement
» entre les globules sanguins et le sérum, leur
» milieu nourricier et réparateur. Considérons,
» en effet, le globule sanguin. C'est grâce au pou-
» voir osmotique de ses parois qu'il peut renouve-

» ler ses matériaux, s'assimiler ceux qui sont
» propres à sa nutrition, rejeter les détritus qui
» proviennent de l'usure et de la désassimilation
» de ses éléments. »

D'après cela, on conçoit que les résidus des réactions intimes qui se passent dans le globule sanguin doivent traverser les parois de celui-ci plus difficilement de dedans en dehors, quand le sérum renferme une certaine quantité d'alcool, puisque alors le courant osmotique tend à se faire plutôt de dehors en dedans.

Ainsi, d'après ce simple phénomène physique, on s'expliquerait comment l'alcool peut enrayer la nutrition et la vitalité des globules sanguins, en déterminant dans leur intérieur un arrêt et un entassement des matériaux devenus impropres à leur fonctionnement, et en enrayant du même coup le pouvoir attractif et électif qu'ils exercent sur les matériaux utiles et réparateurs contenus dans le sérum.

Dans l'alcoolisme chronique, on a remarqué depuis plusieurs années, une déformation particulière des mêmes globules. La membrane d'enveloppe se rompt, et le contenu, c'est-à-dire l'hémoglobine, s'échappe au dehors. On la retrouve sous forme de granulations noirâtres dans certains organes, surtout dans les glandes sanguines et dans les cellules du réseau cutané de malpighi. C'est à cette altération, suivant nous, qu'il faut attribuer cette espèce de mélanodormie si remarquable chez les buveurs.

Plasma. — Quelques observateurs ont indiqué depuis longtemps comme *effet de l'alcool* sur le sang, la richesse de ce liquide en globules graisseux. Les expériences de Lallemand, Perrin et Duroy ont confirmé ces faits.

Chez un chien alcoolisé, le sang veineux perd sa couleur habituelle; sa surface est parsemée d'un grand nombre de points brillants ayant l'aspect de parcelles miroitantes de cholestérine. A la loupe et au microscope on reconnaît qu'ils sont constitués par des globules graisseux. Le sang artériel est d'une belle couleur vermeille, mais il contient aussi des globules graisseux qui nagent à la surface.

ACTION SUR LA NUTRITION ET LA TEMPÉRATURE.

L'opinion qui a régné souverainement jusqu'à ces derniers temps — admise même encore, mais à tort, par quelques-uns — avait attribué à l'alcool le rôle d'aliment respiratoire et partant sa décomposition dans l'organisme. Cette théorie qu'on peut appeler classique appartient à M. Liébig, et fut acceptée par MM. Bouchardat et Sandras. Mais dans ces dernières années, MM. Perrin, Ludger, Lallemand et Duroy ont été conduits, après des travaux remarquables, à formuler une assertion tout opposée.

Nous allons successivement rapporter ces deux théories :

Théorie de MM. Liébig, Bouchardat et Sandras.

Liébig considère l'alcool comme un aliment qui, absorbé et conduit dans la circulation, serait brûlé sous l'influence de l'oxygène, en passant par une série de transformations représentant des dérivés de plus en plus oxydables — aldéhydes, acides acétique, oxalique — et enfin comme dernier terme, l'acide carbonique.

Cette théorie, qui paraissait irréfutable, a été battue en brèche par les expériences récentes de M. Perrin.

Théorie de M. Perrin.

Le fait capital est la réfutation de l'opinion de M. Liébig qui considère l'alcool comme un aliment.

Dans ses recherches M. Perrin s'est attaché d'abord à examiner si, dans son passage à travers l'organisme, l'alcool conservait sa composition chimique, ou bien se transformait en produits conformément à l'opinion de Liébig. Mais sur ce point qui intéresse la nutrition, M. Perrin n'ayant pu retrouver les produits d'oxydation dérivant de l'alcool, il en a conclu qu'il n'est pas assimilable; qu'il agit par simple contact tant sur le sang que sur le système nerveux, dont il modifie ou abolit

les fonctions ; qu'il sort en nature de l'économie—
Et M. Perrin ajoute : « Pour s'assurer combien
peu est fondée l'hypothèse de la transformation
de l'alcool, on en donne 12 à 15 grammes à un
homme. Une demi-heure après, alors que cette
faible quantité est diluée dans la masse du sang
et des liquides de l'organisme, on constate la présence de l'alcool en nature dans le sang, dans les
urines, dans l'air expiré et l'exhalation pulmonaire. »
Mais M. Perrin ne nous dit pas si l'on retrouve le
poids total du liquide ingéré. Or les expériences de
MM. Schulinus, Sulzynski Maryan, prouvent qu'une
minime portion d'alcool n'est pas retrouvée et
séjourne dans l'organisme pour y subir une
transformation et y jouer un rôle peu connu.

Toutefois, s'il nous est permis d'émettre une
opinion à ce sujet, nous dirons, d'accord en cela
avec M. Marvaud, que cette faible proportion
d'alcool, non éliminée en nature, se transforme en
graisse, soit directement, soit après des altérations
intermédiaires que les travaux de la chimie organique nous permettent de comprendre, sinon de
démontrer complétement aujourd'hui. L'alcool
partage cette propriété avec l'amidon et le sucre
dont la transformation graisseuse ne fait plus de
doute maintenant, grâce aux recherches de Dumas et Boussingault. Mais à côté de ces phénomènes essentiellement chimiques, par lesquels
l'alcool devient une cause de production de corps
gras, il faut rapporter en même temps à l'action

physiologique de cette substance la dégénérescence graisseuse qui envahit les divers organes.

Mais peu importe, des expériences nombreuses ont démontré chez les individus soumis à l'alcool, une diminution notable dans la quantité d'acide carbonique exhalé, et un poids en moins de 5 à 22 pour 0/0 de l'urée excrétée. — Cet abaissement dans les résidus d'oxydations s'explique parfaitement par l'action propre de l'alcool sur les globules rouges. De même s'explique l'embonpoint qui survient sous l'influence des spiritueux : En diminuant la quantité d'acide carbonique, l'alcool épargne les substances hydrocarbonées qui vont se déposer à l'état de graisse dans le tissu conjonctif.

Somme toute, l'alcool ne possède donc aucune des propriétés qui caractérisent la substance alimentaire. Celle-ci, en effet, une fois soumise à l'absorption, cesse d'être elle-même. Jamais en état de santé elle n'apparaît dans aucun produit d'excrétion ; perdue dans la masse du sang elle n'exerce aucune action spéciale sur tel organe ou appareil, elle s'épuise lentement pour être plus tard rejetée dans une forme entièrement différente. L'alcool, au contraire, comme tant d'autres substances médicamenteuses, se révèle partout en nature, charrié dans l'organisme qui en subit le contact et dont l'influence spéciale s'exerce sur différents appareils.

Température.

Ce n'est pas tout de mesurer le pouvoir comburant plus ou moins modifié par l'alcool, il importe aussi de savoir ce que devient la chaleur animale.

Déjà MM. Duméril et M. Démarquay, à l'aide de nombreuses expériences faites sur les chiens et les oiseaux, ont démontré que l'alcool, loin d'entretenir ou d'activer la calorification, abaissait au contraire la température moyenne. Les expériences ont été reprises tout récemment, et lorsqu'on injecte de 10 à 15 grammes d'eau-de-vie à un chien, voici ce qu'on observe :

La partie antérieure du tronc devient turgescente en même temps que la température augmente légèrement : phénomènes identiques à ceux de la section du grand sympathique. — Tandis que la température périférique tend à s'élever, celle interne s'abaisse de 1 à 2 degrés. Chez l'homme, mêmes phénomènes : accélération du cœur et de la respiration, face congestionnée ; mais déjà la température du rectum ou du vagin s'est abaissée. Dans une seconde période on voit la respiration se ralentir, le pouls tomber, la face devient moins turgescente, quelquefois pâle; la chaleur extérieure s'abaisse en même temps que celle interne et tombe de 1° à 2° 1/2.

A quoi tiennent ces phénomènes de calorification ? La première période, excitation alcoolique, tient ainsi que nous le verrons plus loin, à l'action immédiate de l'alcool sur le système cérébro-spinal et ses vaso-moteurs. L'abaissement consécutif est dû : à l'action prolongée de l'alcool sur la moëlle allongée qui ralentit alors les battements du cœur et la circulation; à la diminution des produits de combustion et au ralentissement du mouvement de désassimilation. Cette diminution de combustion rend compte de l'algidité qu'on remarque souvent chez les ivrognes.

Telle est, d'une façon générale, l'action de l'alcool sur la nutrition et la température. Mais hors des mains du médecin ou des règles d'une bonne hygiène, lorsqu'on fait un usage exagéré et prolongé de l'alcool, il arrive que cette diminution d'oxydation qui constitue une épargne momentanément avantageuse, devient une cause naturelle de dénutrition. Les tissus incomplètement nourris par un sang en définitive altéré, subissent la mort par dégénérescence graisseuse : la stéatose. Elle se produit par un mécanisme analogue à l'intoxication arsénicale et phosphorique, mais plus lentement. Les expériences sont vivantes et nombreuses; elles se réalisent tous les jours sur les malheureux alcooliques.

ACTION SUR LE SYSTÈME NERVEUX.

Les effets se font rapidement sentir, et à peine arrivés dans l'estomac les spiritueux raniment la vie par l'ébranlement que déterminent les molécules alcooliques avec la substance cérébrale. Cet effet est même si rapide qu'on a voulu invoquer une action sympathique pour l'expliquer. Mais si l'on se rappelle que certaines substances dissoutes dans l'eau, l'iodure de potassium par exemple, peuvent être décelées dans l'urine une à deux minutes après leur ingestion, on ne comprend pas la nécessité de faire intervenir une action réflexe. L'alcool est très volatil et il se diffuse plus rapidement que les autres substances solides. Aussi, Barbier (d'Amiens) avait-il raison, au point de vue où il se plaçait, de classer ce médicament parmi les stimulants les plus diffusibles.

D'une manière générale, l'influence de l'alcool sur le système nerveux et plus particulièrement sur l'encéphale, se manifeste par une série progressive mais constante de symptômes qui, à leur intensité près, se reproduisent chez tous les hommes comme chez tous les animaux. Cet état se traduit suivant les doses par : l'excitation, la perversion, le comma et la mort. Or, en considérant avec MM. Flourens et Longet : 1° Le cerveau comme organe de l'intelligence et de la volonté ;

2° Le cervelet comme préposé à l'équilibre et aux mouvements de la locomotion ;

3° La protubérance annulaire comme nécessaire à la sensibilité générale et tactile ;

4° La moëlle allongée comme présidant à la circulation et à la respiration ; nous admettons comme démontré l'envahissement progressif de l'encéphale en rapport parfait avec les états énoncés plus haut. Cet envahissement se ferait toujours dans l'ordre suivant : Cerveau, cervelet, protubérance annulaire, moëlle épinière, moëlle allongée.

Mais il importe, envisagé d'une manière particulière, de préciser davantage les effets de l'alcool et les modifications qu'il imprime à la vie cérébrale. Et tout d'abord voyons si, de toutes les parties du centre nerveux, il n'en est pas qui semblent exercer sur l'alcool une attraction plus particulière ou tout au moins qui y soient plus sensibles ? MM. Flourens, Labarthe et Becker ont essayé de résoudre cette importante question. Nous ne rapporterons pas ici les expériences remarquables auxquelles ces recherches ont donné lieu, non plus que les assertions trop exclusives peut-être et parfois différentes émises par ces auteurs. Mais sans rien préjuger de la question, nous croyons qu'il est permis de dire :

L'alcool agit sur les parties postérieures et inférieures du cerveau et plus particulièrement sur le bulbe.

Partant de cette action de l'alcool sur la moëlle allongée, M. de Barrel de Pontavès explique les effets primitifs (fièvre alcoolique) en disant que ce liquide paralyse les vaso-moteurs — manière de voir qu'on doit admettre sans doute, mais nous aurions voulu connaître quels vaso-moteurs l'alcool paralyse et par quel procédé. L'auteur ne le dit pas. Cependant il nous semble que la physiologie paraît assez avancée pour résoudre cette question.

On sait, en effet, depuis les travaux de Schiff et Claude Bernard, que les vaso-moteurs proviennent de deux sources différentes.

1° Du grand sympathique d'une part;

2° De la moëlle épinière d'autre part.

Et d'après l'opinion de Henle, à laquelle se sont rangés Schiff, Cl. Bernard, Virchow, Marey et la plupart des physiologistes actuels, on formule ainsi l'action antagoniste de ces nerfs :

1° Les vaso-moteurs ganglionnaires rétrécissent les petits vaisseaux ;

2° Les vaso-moteurs cérébro-spinaux en accroissent le calibre.

Or, que voyons-nous quand le système cérébro-spinal a été jeté dans la prostration par certains médicaments tels que l'émétique, par exemple ?

Nous constatons tout ce qui témoigne de l'activité des vaso-moteurs sympathiques et partant de la parésie des cérébro-spinaux, c.-à-d. : tension artérielle considérable, lenteur et petitesse du pouls, refroidissement.

Que survient-il par contre, lorsque ce même système cérébro-spinal est excité ? Précisément l'ivresse : une tension artérielle faible; un pouls fort et rapide; une augmentation de chaleur animale, tous phénomènes dénotant que les vaso-moteurs ganglionnaires sont cette fois frappés d'une paralysie relative.

Mais ces derniers symptômes sont justement ceux qui succèdent à l'ingestion en une seule fois d'un poids modéré d'alcool. N'est-il pas permis d'en tirer cette conséquence que si les spiritueux provoquent une fièvre artificielle, il faut l'attribuer à leur action excitante sur la base du cerveau et partant sur les vaso-moteurs cérébro-spinaux : action qui entrave indirectement le jeu des vaso-moteurs ganglionnaires.

Mais un fait saillant et d'une importance capitale en pratique, c'est la différence des effets produits par la diversité des doses et leur ingestion en une ou plusieurs fois à des intervalles plus ou moins éloignés.

Administré d'un seul coup et à dose élevée, l'alcool imprègne la totalité du système cérébro-spinal, d'où fièvre ou excitation alcoolique expliquée plus haut. Si, au contraire, on le donne à doses fractionnées, trop faibles chacune pour émouvoir sensiblement le système cérébro-spinal, il ne détermine que peu ou point de surexcitation générale, mais excite finalement la moëlle allongée par son accumulation élective, modère les oxydations et la chaleur animale : d'où ralentissement du pouls de la respiration et de la température.

D'où encore ces règles pratiques approuvées par l'expérience clinique :

1° Que l'alcool doit être donné en peu d'instants et à haute dose quand on veut remédier à un affaiblissement subit;

2° Qu'il faut le prescrire à doses petites et fractionnées lorsqu'on veut combattre le symptôme fébrile ;

3° Que les doses tout en restant fractionnées peuvent s'élever un peu plus haut si le pouls est fréquent et petit.

Dans le premier cas on s'adresse à l'ensemble du système nerveux ; dans le deuxième on vise de préférence la moëlle allongée ; dans le troisième enfin, on tâche d'exciter la moëlle allongée tout en paralysant faiblement les vaso-moteurs sympathiques.

IVRESSE.

L'ivresse, dit Cl. Bernard, tient à la présence de l'alcool dans le sang et à son action directe sur les éléments nerveux ; mais il faut tenir compte cependant, dit le célèbre physiologiste « de l'état de la circulation cérébrale, dont les modifications sont les accidents qui accompagnent l'ivresse sans constituer son essence. »

L'autopsie des individus morts à l'état d'ivresse avait fait connaître que l'action de l'alcool s'accompagnait d'une congestion de cet organe : M. Tardieu avait signalé comme lésion commune, l'apopléxie méningée. Mais c'est à M. Bernard que revient l'honneur d'avoir déterminé l'influence de l'alcool et d'autres anesthésiques sur la circulation cérébrale. Ayant pratiqué avec une érigne, dans la boîte crânienne d'un lapin, un trou circulaire de l'étendue d'une pièce de 50 centimes, et ayant mis le cerveau de l'animal à nu, il constata une hypérémie manifeste au début de l'administration de l'alcool et des anesthésiques. Quand la révolution et l'insensibilité eurent lieu, survint une anémie considérable de la substance nerveuse. — D'autres expériences ont été faites depuis avec l'alcool seul, et on peut conclure de ces faits que la circulation des centres nerveux subit, sous l'action de l'alcool, deux influences distinctes et successives :

L'hypérémie qui correspond à la période d'excitation ;

L'anémie qui correspond à la période d'insensibilité et de révolution.

Maintenant quelle part d'influence faut-il attribuer à ces modifications de la circulation cérébrale dans la production des phénomènes de l'ivresse ? Suffissent-elles pour expliquer seules les désordres du système nerveux ? Car, outre les phénomènes vasculaires que nous venons d'étudier, il y a une action directe exercée par l'alcool en nature sur la substance nerveuse.... Nous croyons que dans l'état actuel de la science, aucune explication ne paraît concluante.

NATURE DE LA MORT PAR L'ALCOOL.

La mort, dans l'alcoolisme aigu, peut survenir dans deux circonstances bien différentes. Elle se produit généralement au milieu des symptômes d'apoplexie comateuse, avec stertor, lividité, embarras de la respiration. D'autres fois, la mort est très rapide et peut même survenir subitement, sans avoir été précédée par aucun signe alarmant. Ces cas promptement mortels, dit A. Fournier, ne s'observent guère qu'à la suite de grands excès, notamment d'ingestion excessive d'eau-de-vie (1/2 litre, 1 litre et plus). Des circonstances étrangères, impression soudaine d'un froid rigoureux, émotion vive, colère, rixe, etc., semblent favoriser ces accidents.

On a donné un grand nombre d'explications pour rendre compte de la mort à la suite d'excès alcooliques ; nous avons cité plus haut la congestion pulmonaire et cérébrale, parfois même l'épanchement constatés à l'autopsie.

Mais ces phénomènes sont-ils les effets directs de l'action de l'alcool, ou bien ne sont-ils pas plutôt les effets d'une autre cause ?

M. Bouchardat attribuait la mort par l'alcool à une asphyxie due à ce que l'oxygène contenu dans le sang, portant son action comburante principalement sur l'alcool, les globules sanguins étaient privés de l'influence du principe gazeux nécessaire à leur activité. Mais le rôle de l'alcool dans le sang est autre que ne le pense M. Bouchardat, et par conséquent sa théorie n'est plus acceptable.

« On a expliqué la mort dans l'alcoolisme aigu, dit Racle, par la suspension d'action du cœur, des poumons, des muscles respiratoires ; il nous paraît plus naturel de l'attribuer à la suppression de la force commune, qui dispense aux organes leur puissance d'action. »

Flourens pense que la suppression des fonctions n'a lieu que quand les toxiques ou les anesthésiques ont envahi l'isthme de l'encéphale ; cette observation ne pourrait-elle pas s'appliquer à l'alcool ?

Lallemand, Perrin et Duroy sont plus affirmatifs et ils n'hésitent pas à attribuer la mort produite par l'alcool à l'action toxique exercée par cette substance sur l'encéphale : « Il est vrai, disent-ils, que l'autopsie indique, chez les sujets morts à l'état d'ivresse, une double congestion pulmonaire et cérébrale, ce qui peut faire croire à une *asphyxie primitive*. Mais, en réalité, la cause première de la mort doit être placée dans l'altération fonctionnelle du système nerveux cérébro-spinal, altération qui domine et gouverne la série des phénomènes morbides. Les troubles et l'arrêt de la respiration proviennent de la diminution et de la suspension de l'excitation nerveuse ; il y a asphyxie, il est vrai, mais cette asphyxie n'est qu'indirecte, elle n'est que consécutive à l'abolition des fonctions cérébro-spinales. »

On sait qu'il existe une grande analogie sinon une identité parfaite entre la mort par l'alcool et celle par le chloroforme. Or, avouons qu'on n'est pas encore entièrement éclairé sur les causes qui peuvent déterminer des accidents graves à la suite de l'administration des principaux anesthésiques, du chloroforme et de l'éther. Cependant Snow, opérant avec le chloroforme, a conclu de ses expériences sur les animaux, que cet agent impressionne directement les parois du cœur et paralyse l'action de cet organe ; d'après cet auteur la mort surviendrait toujours par syncope cardiaque. Mais il nous semble que cette théorie ne peut s'appliquer aux cas où le cœur continue à battre alors que la respiration est abolie depuis quelque temps.

Kidd regarde les accidents chloroformiques occasionnés par la paralysie des nerfs propres à la respiration et notamment de la racine des pneumogastriques. Mais de toutes ces théories, celle de MM. Lallemand et Perrin nous paraît la plus vraie. Ainsi que nous l'avons dit plus haut, ces auteurs, envisageant la mort par l'alcool et par les anesthésiques comme étant de même nature, rapportent les accidents mortels à une accumulation de l'agent anesthésique dans le bulbe rachidien.

Nous pouvons ainsi expliquer ce cas de mort du premier genre à la suite d'absorption d'alcool ou d'administration trop prolongée de chloroforme. L'explication de la mort est toute physiologique en rapportant à la paralysie du bulbe par l'agent toxique la cessation de la respiration suivie elle-même de l'arrêt des battements du cœur.

Quant à la mort subite qui survient quelquefois sous l'influence des anesthésiques ou de l'alcool, nous adoptons l'opinion de M. Perrin qui admet pour l'expliquer une suspension momentanée, un épuisement soudain de l'innervation, tantôt dû à une sorte de sidération du système nerveux sous l'influence d'une violente perturbation dynamique; tantôt consécutif à un arrêt des battements du cœur, à une syncope cérébrale.

ACTION SUR LE SYSTÈME MUSCULAIRE.

La fatigue qui succède au travail musculaire prolongé est le résultat d'une modification chimique survenant dans la composition du suc musculaire. Le muscle, en effet, respire, c'est-à-dire qu'il absorbe de l'oxygène et exhale de l'acide carbonique. Il constitue un outil qui utilise la chaleur fournie par les oxydations des aliments et emploie surtout, *pour sa consommation,* les substances douées d'un pouvoir calorifique considérable. Enfin il a besoin, pour son *propre entretien,* d'une certaine quantité d'azote fournie par les aliments albuminoïdes.

M. Dubois Reymond, qui a entrepris sur ce sujet des travaux très importants, a démontré que le suc musculaire, neutre à l'état normal et au repos, devenait acide sous l'influence du travail accompli. S'appuyant sur ces faits, un de nos collègues, M. Jung attribue à l'alcool la propriété de soustraire les éléments musculaires à l'action comburante de l'oxygène, d'empêcher la formation des produits acides et de conserver au muscle son activité.

Nous regrettons d'être d'un avis contraire à l'auteur cité.

Il nous semble mieux démontré que l'alcool agit :

1° A titre d'excitant des nerfs moteurs ;

2° Comme antidéperditeur, il empêche les muscles de s'user, de se décomposer aussi vite, et permet aux aliments azotés de concourir à l'entretien de la fibre contractile.

TOLÉRANCE POUR L'ALCOOL.

Il est remarquable que les habitants du Nord, en général, supportent des doses considérables d'alcool. Autrefois on trouvait cela tout naturel : l'alcool, étant regardé comme un aliment respiratoire, était directement conseillé aux habitants du Nord. Aujourd'hui, on doit expliquer cet usage et cette tolérance : par l'activité et les fatigues considérables des personnes du Nord ; l'énergie plus grande des actes respiratoires et des fonctions rénales qui éliminent une grande quantité d'alcool.

Enfin l'homme du Nord fait usage d'alcool à titre d'excitant général du système nerveux et musculaire ; et à faible dose en épargnant les hydrocarbonés, ce liquide devient utile à la résistance au froid.

Dans les pays chauds, l'alcool est moins bien supporté, et l'usage en est généralement restreint. Car, outre la sensation subjective, si agréable dans les pays froids, mais incommode dans les contrées chaudes, il n'est plus utile de résister à une température essentiellement douce. De plus la sécrétion cutanée et hépatique présente déjà, par elle-même, une grande activité naturelle. L'alcool destiné à être éliminé par les mêmes voies y détermine des désordres manifestes. Enfin par son action sur la nutrition, il accumule une certaine quantité de graisse qui rend la résistance à la chaleur moins facile.

Mais cette tolérance est autre, suivant la température, lorsqu'on envisage l'alcool pris à haute dose et en peu de temps.

« Lorsqu'on fait une injection de 15 à 20 grammes d'alcool à un lapin ou à un chien, dit Jung, à une température basse, il se manifeste chez l'animal une intoxication alcoolique aiguë. Mais la même expérience pratiquée dans un air chaud donne des effets beaucoup moins marqués et surtout moins rapides. »

L'observation des faits montre également que l'alcool à haute dose diminue la résistance au froid.

A côté des exemples nombreux offerts pendant la campagne de Russie, ne voit-on pas chaque jour des individus alcoolisés et qui, à leur sortie de table, se trouvant en contact avec l'air froid, succombent rapidement, ou voient tout au moins les effets de l'alcool considérablement s'augmenter ?

Dans ces cas, le froid extérieur, faisant refluer le sang des capillaires périphériques dilatés et arrêtant l'élimination de l'alcool, vient ajouter une cause puissante à la congestion cérébrale et pulmonaire préexistante.

Vient maintenant la faculté remarquable avec laquelle l'organisme, à l'état pathologique, supporte des doses considérables d'alcool. L'explication rationnelle en a été donnée par M. le professeur Sée ; mais nous ajouterons deux nouvelles causes : l'élévation de température sous l'influence de laquelle l'alcool libre dans le sang arrive plus rapidement dans les appareils sécréteurs qui sont alors très actifs ; puis l'évaporation plus considérable encore à la surface pulmonaire et cutanée.

EMPLOI THÉRAPEUTIQUE DE L'ALCOOL.

L'alcool n'est réellement entré dans le domaine de la thérapeutique que depuis le commencement de ce siècle. Disons cependant que dans l'antiquité l'emploi des spiritueux avait lieu dans certain cas, et pour ne parler que d'Hippocrate, il est constant que le père de la médecine appliquait déjà l'alcool aussi bien au traitement des maladies internes qu'externes. Le Moyen-Age reste fidèle à cette tradition ; Ambroise Paré, Guy de Chauliac généralisent davantage encore l'usage de l'alcool dans les affections chirurgicales. Mais à une époque plus rapprochée de nous, quand la doctrine de Broussais régnait en souveraine et contribuait encore à exagérer les accidents qu'on avait constatés à la suite de l'abus des spiritueux, la médication alcoolique fut bannie de la pratique médicale à cause des dangers singulièrement exagérés dont elle semblait menacer l'économie.

Enfin cet agent précieux semblait tombé dans l'oubli lorsque Todd, un des premiers, le remit en usage et lui restitua, dans la thérapeutique, le rang qu'il n'aurait jamais dû perdre.

La doctrine de Todd, fondée sur l'hypothèse de *l'évolution* naturelle des affections aiguës et la *nécessité* de soutenir la dépression des forces vitales afin d'amener la résolution de la phlegmasie — d'empêcher en un mot le malade de mourir avant la fin de la maladie — reconnaissait à l'alcool les qualités nécessaires pour remplir cette double indication. Les faits cités à l'appui de cette médication ne sauraient soutenir de contestations ; ce serait cependant s'exposer à de grands mécomptes que d'élever à la hauteur d'une méthode générale et absolue l'emploi des alcooliques dans les maladies sans distinction de cas. Agir de la sorte serait méconnaître ce principe supérieur à toute médication : la science des indications. Ce serait aussi oublier — oubli trop fréquent — que nous n'avons pas des maladies à traiter, mais surtout des malades. Donc, ici encore, le principe existe : saisir les indications qui réclament l'emploi des alcooliques dans le traitement des maladies.

Toute restreinte qu'elle est, cette méthode n'a pas rencontré, il faut le dire, l'adhésion générale. Ici, en Angleterre même où elle prit naissance, elle souleva des critiques passionnées auxquelles l'esprit de système et la jalousie ne sont pas restés étrangers. Néanmoins ce médicament a pris rang aujourd'hui dans notre thérapeutique, grâce à l'appui constant de M. le professeur Béhier (expériences sur l'emploi de l'alcool ; bulletin de thérapeutique, 21 février 1865).

Dans l'étude que nous allons faire de l'emploi thérapeutique, nous sommes loin de vouloir parcourir le cercle entier de la pathologie. Nous nous bornerons à un petit nombre d'affections qui présentent un véritable intérêt pratique ; dans le nombre, nous viserons surtout les pyrexies et les phlegmasies.

USAGE EXTERNE.

Pansement des plaies. — Dans l'antiquité et au moyen-âge, l'alcool était employé comme topique des plaies, joint à l'huile, au sel ou à la térébenthine. Plus tard, l'usage en fut restreint au pansement des contusions.

Mais les choses sont changées, dit M. de Rabuteau : « Il y a 12 ans à peine, un médecin mo-
« deste a rappelé l'attention des chirurgiens vers
« la saine pratique de l'antiquité. Les résultats des
« recherches de Bathailhé ont été si considéra-
« bles, que l'on peut avancer que depuis 20 ans
« personne n'a rendu plus que lui des services à
« la thérapeutique chirurgicale. M. Nélaton adop-
« tant les idées de Bathailhé, a vulgarisé l'emploi
« chirurgical des alcooliques et a bien mérité de
« la chirurgie. Après 97 opérations dont j'ai été
« témoin pour la plupart, et dont parle Gaulejac
« dans sa thèse, opérations suivies d'un pansement
« à l'alcool, il n'y eut que 3 morts dont 2 furent
« dues à des états morbides indépendants de
« l'opération. »

Nous sommes loin de vouloir critiquer le savant auteur dont nous venons de rapporter les paroles, mais nous tenons à dire que l'usage de l'alcool dans le pansement des plaies, n'a jamais été *complètement* abandonné en France. Larrey, sous le premier empire, Josse père (d'Amiens), se servaient d'alcool dans le pansement des opérations. Depuis lors, Josse fils, professeur de clinique chirurgicale à Amiens, Padieu père, directeur de l'Ecole, et tant d'autres, se sont toujours servis d'alcool dans le pansement des plaies.

Quoi qu'il en soit, l'alcool agit ainsi : Il arrête

l'hémorragie des petits vaisseaux en faisant contracter leurs parois et en coagulant l'albumine, diminue la formation du pus et détruit les miasmes ; donne aux plaies un aspect vermeil et active la formation de bourgeons charnus.

M. Benjamin Anger, — Paris, agrégation 72, — résume ainsi les propriétés de l'alcool dans le pansement des plaies : « Hémostatique précieux ; maintient la plaie dans une grande propreté. Excitant des plaies atoniques, antiseptique ; agent préventif de la pourriture d'hopital, de l'érysipèle et de l'infection purulente; modère l'inflammation, condition importante à la réunion des plaies. »

USAGE INTERNE.

Dyspepsies, vomissements. — Les effets de l'alcool contre ces symptômes morbides s'expliquent par l'action propre du médicament. Il est utile toutes les fois qu'il y a un défaut de sécrétions du suc gastrique, puisque, par son action, l'alcool augmente la sécrétion des glandes à pepsine. Les vomissements de la grossesse sont combattus avec succès par l'alcool et le vin de Champagne : ce dernier agit tout à la fois par l'alcool et l'acide carbonique dont l'action anesthésique est connue.

Choléra. — Cette affection a été et est encore traitée par les alcooliques, et souvent à doses énormes. Magendie a surtout préconisé ce traitement dès 1832. Mais il est clair que cette pratique, fondée sur l'empirisme, n'a pas porté les fruits qu'on en attendait. Certainement quelques cuillerées d'eau-de-vie, de rhum ou de vin de Champagne sont très utiles pour réveiller la circulation périphérique. Mais si l'on fait boire à un cholérique *des verres d'eau-de-vie et de rhum*, on se met en opposition avec la saine physiologie et l'observation. Sous prétexte de réchauffer, on réfrigère les malheureux dont la température est déjà considérablement déprimée. Je me rappelle bon nombre de ces cas arrivés durant le choléra d'Amiens en 1866. Heureusement, chez la plupart, les effets étaient nuls ; car l'état *particulier* des malades entrave généralement l'absorption.

Fièvre. — Grâce aux études modernes, la fièvre a perdu le caractère mystérieux qu'elle a présenté depuis longtemps. Toutes les obscurités ne sont pas encore dissipées, il est vrai, mais la discussion a quitté aujourd'hui le domaine de l'*à peu près* pour entrer dans celui du positif. Les travaux de Henle, Stilling, Cl. Bernard et Marey ont conduit ces auteurs à émettre sur la fièvre des idées rationnelles. Je ne ferai qu'énumérer ici ces données dont les leçons de M. Béhier ont en quelque sorte corroboré la valeur :

1º Les nerfs vaso-moteurs émanés du grand sympathique peuvent diminuer le diamètre des petits vaisseaux en faisant contracter leurs tuniques musculaires ;

2º Au rétrécissement des petits vaisseaux correspond une tension artérielle plus forte et à leur relâchement une tension plus faible ;

3° La vitesse d'un liquide étant inversement proportionnelle aux résistances que ce liquide rencontre dans les conduits, celle du sang dans les artères varie en raison inverse de l'étroitesse des petits vaisseaux ou ce qui revient au même en raison inverse de la tension ;

4° Le nombre des pulsations cardiaques et la force du pouls sont en raison inverse de la tension artérielle ;

5° L'élévation de température dans la fièvre est liée à l'accélération du cours du sang.

Appliquées à l'interprétation des phénomènes fébriles, ces lois nous montrent l'accélération du pouls et l'augmentation de la chaleur animale produites par le défaut d'action des vaisseaux vaso-moteurs du système ganglionnaire.

Ainsi M. Marey attribue l'accélération des battements du cœur dans la fièvre à la paralysie plus ou moins complète des vaso-moteurs sympathiques.

Il nous semble qu'il importe aussi de ne pas négliger, même dans cette hypothèse, l'action de la moelle allongée et des pneumogastriques. La section des pneumogastriques augmente la fréquence des pulsations cardiaques ; la galvanisation des mêmes nerfs ou de la moelle allongée la diminue. Or, puisque le nombre des battements du cœur varie en raison inverse de l'influence nerveuse transmise par les nerfs vagues, il est rationel de rattacher à un défaut d'intervention de la moelle allongée l'accélération du pouls dans les maladies fébriles.

Ainsi pour les auteurs cités, la fièvre serait une parésie des vaso-moteurs sympathiques à laquelle on doit ajouter un défaut d'action de la moelle allongée.

Mais, tout en admettant ces données, nous nous croyons autorisé à dire que la parésie des vaso-moteurs et de la moelle allongée n'est pas la cause première de la fièvre. Nous croyons, avec d'autres physiologistes, que cette cause première réside dans une modification, une activité anormale des combustions intertitielles donnant lieu alors à :

1° L'augmentation de la température, accélération du pouls et de la respiration ;

2° Modification dans les urines avec augmentation d'urée ;

3° Augmentation d'acide carbonique exhalé.

Donc, pour nous, avant les modifications de circulation, de respiration et d'innervation, survient un trouble nutritif, et c'est lui qui doit être regardé comme cause de la fièvre. Celle-ci n'est pas un acte nerveux ni vasculaire, et si elle met en jeu ces divers appareils, elle ne trouve pas là son point de départ. Celui-ci est dans le corps même du tissu vivant ; il part de la cellule et consiste, nous le répétons, en une combustion, en des oxydations plus actives : La fièvre est essentiellement une combustion.

Donc traiter la fièvre c'est combattre la chaleur morbide, c'est atténuer et restreindre sa redoutable et pernicieuse action, c'est enrayer ses principales sources de production : oxydations intra-organiques, etc. La première indication est donc de faire tomber la fièvre qui tue, c'est le meilleur moyen de rendre la force au malade. On parvient généralement à ce résultat par l'emploi des agents antipyrétiques. Or l'alcool, par ses propriétés, agit d'une façon merveilleuse sur l'élément fébrile. D'abord il excite le système cérébro-spinal plus ou moins engourdi ; ramène l'excitabilité des vaso-moteurs et régularise la progression du sang en augmentant la tension artérielle. Mais les modifications importantes apportées par l'alcool aux oxydations intravasculaires et par conséquent à la diminution de la chaleur animale sont surtout des causes *puissantes* à l'action antipyrétique. Outre ces propriétés bien établies par l'expérience clinique, l'alcool a encore l'avantage de ne pas jeter le malade dans une convalescence longue et quelquefois dangereuse.

Hémorrhagie puerpérale. — De tout temps, même les personnes étrangères à l'art, ont employé l'alcool à l'intérieur chez les femmes atteintes d'hémorrhagies utérines, suites de couches. Mais dans ces dernières années l'emploi de l'alcool est devenu en quelque sorte plus médical ; ses bons effets ont été constatés par de nombreux observateurs. Dans d'autres cas désespérés, on a aussi employé l'alcool en lavement, et les succès obtenus par Williams, Debout et Pajot autorisent à continuer cette pratique. Dans ces cas, l'alcool n'agit pas seulement par ses propriétés stimulantes générales, il faut admettre qu'il exerce aussi une action réflexe qui sollicite les contractions utérines. Enfin, dans la dysménorrhée, beaucoup de femmes emploient l'alcool avec avantage. C'est une pratique vulgaire, écrit M. Béhier, et qu'il faut connaître, car elle est efficace.

Phthysie. — L'alcool, de même que certaines autres substances, l'arsénic par exemple, agit dans la tuberculose comme médicament d'épargne en diminuant les oxydations. Il modère la fièvre, rend les respirations moins fréquentes et favorise en même temps la digestion. D'après M. Bouchut, l'alcool combat les vomissements si fréquents dans cette maladie. Associé aux substances hydrocarbonées et au chlorure de sodium (au beurre salé par exemple), l'alcool a donné des succès incontestables et dont nous avons été témoin dans le service du savant clinicien cité plus haut. Ajoutons aussi que cet agent, dans les mains du médecin, est un des meilleurs antisudorifiques chez les phthysiques, bien préférable à l'agaric, mais surtout aux sels de plomb.

Fièvre typhoïde. — On a cherché à utiliser l'alcool dans la fièvre typhoïde. Or, comme on le sait, cette affection est à cycle défini et continu, parcourant toutes ses phases. quel que soit le traitement institué. On comprend donc qu'on n'ait pas à lui apposer de spécifique, du moins quant à présent. La médication ne peut donc être que symptomatique. La mort arrive presque toujours à la suite 1° de complications redoutables, (perforations intestinales ; péritonites enterorrhagies) — contre lesquelles le médecin reste souvent impuissant ; 2° de troubles fonctionnels — adynamie, ataxie, délire fièvre extrême. — Dans ces cas l'alcool, agissant tout à la fois comme stimulant cérébro spinal et antipyrétique, rend d'immenses services.

Adynamie. — Nous n'avons pas besoin de faire ressortir les heureux effets des spiritueux dans cette forme de la maladie. L'alcool soutient le système cérébro spinal, modère l'amaigrissement et rend le rétablissement rapide. Dans le délire anémique ou nerveux si souvent lié à l'adynamie on sent l'indication de l'alcool qui, en déterminant l'hypérémie cérébrale et la stimulation rachidienne fait cesser le délire.

Chaleur fébrile, délire fébrile. — Le tracé thermométrique de la fièvre typhoïde suivant son cours normal, éprouve, sous l'influence de la médication alcoolique, des modifications importantes et avantageuses. Ce sont : abaissement de la courbe de 0°, 5 à 2°, 5, se continuant durant 2 ou 3 jours, suivi d'une faible ascension le soir, mais momentanée. (V. Coub. n° 1 et 2.) — Le délire fébrile cède aussi en même temps que sous l'influence de fortes doses d'alcool on voit la température tomber à 39° et 38° 5. — Nous signalerons encore les bons effets de l'alcool pour prévenir l'altération des muscles volontaires et des cellules nerveuses, la syncope et la rigidité du muscle cardiaque qui se lient intimement à l'élévation excessive de la chaleur fébrile.

Pneumonie franche. — Rappelons d'abord sommairement la marche générale de la température dans cette affection que nous prenons pour type lorsqu'elle est livrée à elle-même :

1re période de 36 à 48 heures :

Température 37° 5 à 39° dès le premier jour ; arrive au maximum de 40° 5 et 41° ; et tombe entre le 3e et le 4e jour. Ensuite température à marche rémittente d'un demi degré à un degré et demi.

La défervescence dure en moyenne de 24 à 36 heures. La température, le pouls, la dyspnée tombent en même temps ; en cas de mort, la température s'élève vers la fin. Or, cette même affection traitée par l'alcool nous a conduit aux conclusions suivantes, après plus de vingt observations recueillies dans le service de M. Béhier et dans quelques autres des hopitaux de Paris.

1° Peu de temps après l'ingestion de l'alcool, on constate un abaissement marqué de la température, du pouls et souvent de la respiration. 2°

La période d'état est moins longue, généralement nulle. 3º La défervescence est toujours très rapide. 4º La convalescence est pour ainsi dire nulle. 5º Le pouls suit en général la parallèle de la température.

Tels sont les véritables avantages de cette médication toujours bien supportée par tous les malades et à tous les âges.

Pneumonie avec délire. — L'utilité de l'alcool contre les symptômes nerveux est facile à comprendre, à la condition qu'on distingue avec soin l'origine des symptômes. Il est bien reconnu maintenant que le délire, l'agitation, l'insomnie, les soubresauts de tendons, n'ont pas nécessairement pour cause un état congestif ou inflammatoire des organes encéphaliques; que bien souvent, sinon toujours, le contraire est la règle. Généralement, les troubles nerveux qui accompagnent les maladies aiguës tiennent à ce que le sang n'arrive pas au cerveau avec ses qualités ordinaires ou en quantité suffisante.

Délirium tremens. — Dans certains cas de pneumonie on voit ce délire éclater même chez les adultes qui n'abusent pas ordinairement d'alcool; mais à plus forte raison le rencontre-t-on chez les buveurs. C'est alors que l'alcool fait merveille. Le cerveau, brusquement soustrait à l'influence de son excitant naturel, se trouve exposé par ce fait à la dénutrition aboutissant au délire.

Délire anémique ou nerveux de certains au-

teurs. — C'est une forme assez fréquente due à l'anémie cérébrale. L'alcool rend alors de grands services par l'excitation qu'il imprime à la circulation de la partie supérieure du tronc et l'afflux plus considérable de sang qui se fait au cerveau.

Pneumonie des vieillards et des enfants. — A ces deux périodes de la vie, la pneumonie a une tendance à la forme adynamique, conséquence elle-même de la faiblesse ou prostration inhérente à ces âges. Ces pneumonies, ou plutôt ces fausses pneumonies présentent un certain nombre de caractères qui les rapprochent de la pneumonie franche, mais elles en diffèrent complétement par leur origine purement mécanique, ainsi que par le processus pathologique.

Sous l'influence de la prostration générale, les muscles qui président aux mouvements respiratoires subissent également une diminution marquée dans leur force contractile. Il nous semble que les fibres lisses des ramications bronchiques sont aussi plus ou moins affectées. Enfin, ajoutons la position déclive plus ou moins prolongée; on comprend alors que le mucus et les productions bronchiques, ne pouvant plus être rejetés, vont s'accumuler peu à peu dans les petits tuyaux, et constituent un véritable obstacle ou bouchon muqueux. D'où colapsus, retrait des vésicules et un véritable tassement du tissu pulmonaire, et plus tard, stare sanguine et quelquefois exsudats inflammatoires. Employé dans ces cas, l'alcool a toujours rendu de grands services en favorisant l'action des muscles et le rejet des mucosités.

Nous ajouterons qu'il est d'usage d'administrer l'alcool d'une manière générale dans la prostration et l'adynamie, et sans distinction aucune. Cette pratique, rationnelle dans certains cas, est fâcheuse dans d'autres. Il importe de distinguer l'adynamie par excès de fièvre et de chaleur d'avec celle sans fièvre et sans augmentation de température.

Nous dirons encore en terminant cette étude sur la pneumonie que, dans cette affection, des abus thérapeutiques ont été commis; qu'une méthode exclusive est pernicieuse, et que toutes, suivant le cas, peuvent être utiles; mais nous croyons que dans bien des cas, l'emploi de l'alcool est rationnel et répond aux données physiologiques et aux indications qu'on peut tirer des forces du malade.

MODE D'ADMINISTRATION ET DOSES.

Les auteurs qui ont le plus employé et préconisé l'alcool ont insisté sur la nécessité de fractionner les doses. Todd avait formulé ce principe, et administrait toutes les deux heures à ses malades, une cuillerée d'eau-de-vie étendue d'eau.

M. Béhier prescrit l'alcool à 56° à la dose de 80, 150 et 300 grammes, qu'il formule ainsi sous le nom de potion de Todd.

Alcool   80 gr.
Eau edulcorée   120 gr.
Teinture de cannelle   8 gr.

à prendre par cuillerées à soupe, toutes les 1, 2 ou 3 heures.

Les effets produits suivants les doses ou l'usage plus ou moins prolongé de l'alcool sont donc importants à noter, bien que la plupart des auteurs semblent en avoir négligé l'étude. Et cependant, quelle différence y a-t-il entre cet homme à l'œil brillant, au visage animé et congestionné, dont les sens sont d'une finesse excessive, qui bavarde et gesticule; et cet autre immobile, insensible, affaissé, répondant à peine aux questions ? Tous deux sont cependant sous l'influence du même agent, mais pris à doses différentes.

On variera donc les doses, suivant les effets à produire :

1° Comme excitant du système nerveux, 20 à 30 grammes en une seule fois dans une certaine quantité d'eau.

2° Comme antipyrétique 80, 100 et 300 grammes étendus d'eau à prendre par cuillerées de demi heure en demi heure.

3° Comme antidéperditeur 50 grammes par jour à prendre durant les repas.

DE LA PLACE DE L'ALCOOL DANS LE CADRE DE LA MATIÈRE MÉDICALE.

D'après son action sur la nutrition, l'alcool doit être rangé parmi les *médicaments antidéperditeurs* ou antidénutritifs, à côté du café, de la coca, du thé et du maté, etc.

Cette classe de médicaments, à peine constituée dans la matière médicale, se distingue par des caractères suffisamment tranchés, savoir :

Primitivement, ils enrayent les transformations organiques et ralentissent le mouvement de désassimilation ; 2° ils abaissent la chaleur organique, diminuent les résidus contenus dans les sécrétions et favorisent la stéatose.

CONCLUSIONS GÉNÉRALES.

L'alcool exerce sur l'organisme une action complexe qui dépend : De sa présence à l'état libre dans le sang, sur lequel il agit :

1° En arrêtant l'action des globules, et en les déformant ; en modifiant les différents gaz contenus dans le sérum ;

2° Sur le système nerveux — à faible dose, excitation des fonctions animales (sensibilité, intelligence, motilité); à haute dose, perturbation, dépression et abolition de ces fonctions;

3° Sur la circulation — à faible dose, excitation du cœur; à haute dose, excitation du système vaso-moteur, contraction des artérioles : d'où ralentissement du pouls et anémie;

4° Sur la respiration — à faible dose, excitation; à haute dose, dépression;

5° Calorique — à faible dose, légère augmentation périphérique; à haute dose, refroidissement;

6° Nutrition; ralentissement des oxydations et des combustions intra-organiques;

7° L'alcool agit encore comme antipyrétique par son action sur la combustion et la moelle allongée, et son rôle peut se résumer ainsi :

1° Excitant du système nerveux cérébro-spinal;
2° Anticalorifique;
3° Antidéperditeur ou médicament d'épargne.

Saint-Quentin. — Imprimerie Ch. POETTE, rue Croix-Belle-Porte, 19.

www.ingramcontent.com/pod-product-compliance
Lightning Source LLC
LaVergne TN
LVHW021701080426
835510LV00011B/1516